Allô la Sécu ?!

Direction éditoriale : Stéphane Chabenat
Éditrice : Pauline Labbé
Conception graphique et mise en pages :
Florence Cailly
Conception couverture : MaGwen
Illustrations : Samuel Rimbault

Les éditions **de l'Opportun**
16 rue Dupetit-Thouars
75003 Paris

www.editionsopportun.com

Axelle Cartier

Allô la Sécu ?!

Les perles incroyables
des Français

SOMMAIRE

Caisse primaire d'assurance maladie, bonjour.

– CAISSE PRIMAIRE D'ASSURANCE MALADIE, BONJOUR. EN QUOI PUIS-JE VOUS AIDER ?

– Bonjour, je voudrais savoir s'il faut le permis de conduire pour avoir un fauteuil roulant ?

– …

– CAISSE PRIMAIRE D'ASSURANCE MALADIE, BONJOUR. EN QUOI PUIS-JE VOUS AIDER ?

– Bonjour, pouvez-vous m'indiquer le nombre de points qu'il me reste sur mon permis ?

– Vous êtes à la Sécurité sociale là, Madame…

– Ben non, je suis chez moi !

– …

– CAISSE PRIMAIRE D’ASSURANCE MALADIE, BONJOUR. EN QUOI PUIS-JE VOUS AIDER ?
– Bonjour, je vous appelle car ma carte Vitale ne marche plus, le pharmacien m’a demandé de vous appeler pour que vous rechargiez les points !
– La carte Vitale à points…

– CAISSE PRIMAIRE D’ASSURANCE MALADIE, BONJOUR. EN QUOI PUIS-JE VOUS AIDER ?
– Bonjour, qu’est-ce qui va se passer quand je vais mourir ?
– …

– CAISSE PRIMAIRE D'ASSURANCE MALADIE, BONJOUR. EN QUOI PUIS-JE VOUS AIDER ?

– Bonjour, j'ai demandé à rattacher ma fille sur le numéro de Sécurité sociale de mon conjoint. Là j'ai reçu l'attestation et le décompte, mais je ne comprends pas : ma fille c'est une fille, elle est née en 2010, alors pourquoi vous lui donnez un numéro qui commence par « 1 82 … » ? En plus je veux pas vous alarmer, mais c'est presque le même numéro que mon conjoint !

– Oui, bien c'est normal, c'est le même…

– CAISSE PRIMAIRE D'ASSURANCE MALADIE, BONJOUR. EN QUOI PUIS-JE VOUS AIDER ?

– Vous me réclamez des justificatifs déjà envoyés !

– Madame, nous avons besoin de vos justificatifs entre décembre 2012 et février 2013.

– Je vous ai tout envoyé en août 2012 !

– Madame, vu les dates, ce n'est pas possible !

– Si si, je vous assure, j'ai tout fait au mois d'août 2012 !

– CAISSE PRIMAIRE D'ASSURANCE MALADIE, BONJOUR. EN QUOI PUIS-JE VOUS AIDER ?

– Bonjour, je voudrais déclarer la naissance de mon bébé.

– Oui, comment se nomme-t-il ?

– Haribo.

– Pardon, mais comment cela s'écrit-il ?

– Ben comme les bonbons ! Vous ne savez pas écrire ?

— ...

– CAISSE PRIMAIRE D'ASSURANCE MALADIE, BONJOUR. EN QUOI PUIS-JE VOUS AIDER ?

– Bonjour, j'ai eu un accident de travail en 2000, ça en est où ?

– Bonjour Monsieur, nous sommes en 2013, donc votre indemnisation est prescrite !

– Mais vous me volez mon argent !

HEU... «SEXE»? HEU... oui...
SAIT-ON JAMAIS!
SAM

– CAISSE PRIMAIRE D'ASSURANCE MALADIE, BONJOUR. EN QUOI PUIS-JE VOUS AIDER ?

– Bonjour, il me manque un paiement, de lorsque j'étais à l'hôpital !

– Vous nous avez bien transmis le bulletin d'hospitalisation ?

– Ben non !

– Donc il faut nous le transmettre pour qu'on puisse vous payer, Madame.

– Non mais vous ne pouvez pas nous prévenir ?

– Nous gérons 2 millions d'assurés, Madame, et…

– Toujours à rien foutre à la Sécu !

– CAISSE PRIMAIRE D'ASSURANCE MALADIE, BONJOUR. EN QUOI PUIS-JE VOUS AIDER ?

– Bonjour, je vous appelle car j'ai envoyé mon arrêt sans noter mon numéro de Sécu ni mon nom, vous pouvez me le retourner ?

– …

– Caisse primaire d'assurance maladie, bonjour. En quoi puis-je vous aider ?

– Bonjour Madame, ma voiture ne démarre plus, c'est la batterie. Croyez-vous que je puisse me faire prescrire un taxi pour me rendre chez mon dentiste ?

– …

– CAISSE PRIMAIRE D'ASSURANCE MALADIE, BONJOUR. EN QUOI PUIS-JE VOUS AIDER ?

– Bonjour, VOUS, en tant que SÉCURITÉ SOCIALE, vous ne pouvez pas trouver un médecin compétent pour que Laeticia Hallyday tombe enceinte ?

– Heuuuuu…

– C'est tout de même l'héritage de la musique française !

– …

– CAISSE PRIMAIRE D'ASSURANCE MALADIE, BONJOUR. EN QUOI PUIS-JE VOUS AIDER ?

– Bonjour, mes droits ont pris feu !

– CAISSE PRIMAIRE D'ASSURANCE MALADIE, BONJOUR. EN QUOI PUIS-JE VOUS AIDER ?

– Ah non, je ne donne pas mon numéro, on est peut-être écoutés. Je ne donne pas cette information par téléphone… Je vous donne mes nom, prénom et date de naissance, mais surtout ne me demandez rien d'autre !

– D'accord, je vous propose de consulter le site Ameli…

– Ah non, pas Internet ! Vous savez, tout le monde peut vous surveiller par Internet et suivre vos faits et gestes…

– Nous sommes surveillés en fait…

– OUI !

– CAISSE PRIMAIRE D'ASSURANCE MALADIE, BONJOUR. EN QUOI PUIS-JE VOUS AIDER ?

– Bonjour, je suis avec ma carte Vitale.

– Vous pouvez me donner votre numéro de Sécurité sociale s'il vous plaît ?

– Le mien ou celui de ma carte ?

– …

– CAISSE PRIMAIRE D'ASSURANCE MALADIE, BONJOUR, VOTRE NUMÉRO DE SÉCURITÉ SOCIALE S'IL VOUS PLAÎT ?

– Vous ne voulez pas que je vous apporte un plateau avec des croissants pendant que vous y êtes ?

– …

– CAISSE PRIMAIRE D'ASSURANCE MALADIE, BONJOUR. EN QUOI PUIS-JE VOUS AIDER ?

– Bonjour, je souhaite vous confirmer ma nouvelle adresse, il faut ajouter « bâtiment D ».

– Oui Madame, D comme Daniel ?

– Non, D comme Denis.

– …

– CAISSE PRIMAIRE D'ASSURANCE MALADIE, BONJOUR. EN QUOI PUIS-JE VOUS AIDER ?

– Bonjour, pour les horaires de sortie, ça va changer avec le changement d'heure ce week-end ?!

– …

– CAISSE PRIMAIRE D'ASSURANCE MALADIE, BONJOUR. EN QUOI PUIS-JE VOUS AIDER ?

– Bonjour, je n'ai pas reçu mon vaccin contre la brique !

– CAISSE PRIMAIRE D'ASSURANCE MALADIE, BONJOUR. EN QUOI PUIS-JE VOUS AIDER ?

– Bonjour, je vais vous envoyer ma déclaration de grossesse mais je ne sais pas quelle adresse indiquer pour le papa, car actuellement il est en instance de séparation mais vit encore avec sa femme et ça ne le ferait pas s'il recevait un courrier à ce sujet là-bas non ? Vous en pensez quoi, vous, la Sécu ?

– ...

– CAISSE PRIMAIRE D’ASSURANCE MALADIE, BONJOUR. EN QUOI PUIS-JE VOUS AIDER ?

– Madame, j’ai un gros problème, vous me remboursez mes consultations, mais ma mutuelle aussi ! Il y a un problème non ?!

– C’est le propre d’une mutuelle, Monsieur.

– Ah bon ?

– …

– CAISSE PRIMAIRE D’ASSURANCE MALADIE, BONJOUR. EN QUOI PUIS-JE VOUS AIDER ?

– Bonjour, vous me demandez des documents pour notre dossier, mais mon fils et moi, on a presque le même médecin traitant !

– CAISSE PRIMAIRE D'ASSURANCE MALADIE, BONJOUR. EN QUOI PUIS-JE VOUS AIDER ?

– Bonjour Madame, sur votre formulaire CMU (couverture maladie universelle), vous me demandez la composition de mon foyer… mais je n'habite pas dans un foyer, comment je fais ?

– …

– CAISSE PRIMAIRE D'ASSURANCE MALADIE, BONJOUR. EN QUOI PUIS-JE VOUS AIDER ?

– Bonjour, mon mari il est invalidé, je fais comment ?

– …

Caisse primaire d'assurance maladie, bonjour.

– CAISSE PRIMAIRE D'ASSURANCE MALADIE, BONJOUR. EN QUOI PUIS-JE VOUS AIDER ?

– Bonjour, j'ai entendu dire que l'assurance maladie rembourse l'achat d'un échafaudage ?

– *(Pensant à la prévention des risques professionnels)* Vous êtes chef d'entreprise ?

– Ah non, c'est pour mon jardin perso pour faire l'entretien de la maison !

– ...

– CAISSE PRIMAIRE D'ASSURANCE MALADIE, BONJOUR. EN QUOI PUIS-JE VOUS AIDER ?

– Bonjour Madame, je suis allée voir mon pondicure, vous remboursez combien ?

– CAISSE PRIMAIRE D'ASSURANCE MALADIE, BONJOUR. EN QUOI PUIS-JE VOUS AIDER ?

– Bonjour, je suis à 100 % remboursée et comme je suis fatiguée il faudrait qu'un technicien vienne me tailler les arbres !

– …

– CAISSE PRIMAIRE D'ASSURANCE MALADIE, BONJOUR. EN QUOI PUIS-JE VOUS AIDER ?

– Bonjour, pouvez-vous m'envoyer des recettes pour le diabète ?

– CAISSE PRIMAIRE D'ASSURANCE MALADIE, BONJOUR. EN QUOI PUIS-JE VOUS AIDER ?

– Bonjour, où en est la prise en charge de mon dentier, car j'en ai marre de manger de la purée !

– CAISSE PRIMAIRE D'ASSURANCE MALADIE, BONJOUR. EN QUOI PUIS-JE VOUS AIDER ?

– Bonjour, alors je vous préviens fort car je suis mal voyante !!!

– ???

– CAISSE PRIMAIRE D'ASSURANCE MALADIE, BONJOUR. EN QUOI PUIS-JE VOUS AIDER ?

– Bonjour, est-ce que les chiens entrent dans la composition du foyer pour une demande de CMU ?

– Pff…

– CAISSE PRIMAIRE D'ASSURANCE MALADIE, BONJOUR. EN QUOI PUIS-JE VOUS AIDER ?

– Bonjour, je suis allé à la CNAV y a trois semaines et je leur ai demandé de m'envoyer un double de ma notification de retraite. Comme je ne l'avais toujours pas j'y suis retourné ce matin… Ils m'ont dit qu'ils me l'avaient envoyé tout de suite… Alors j'ai eu l'idée d'ouvrir ma boîte aux lettres… Et c'était vrai ils me l'avaient envoyée !

– …

– CAISSE PRIMAIRE D'ASSURANCE MALADIE, BONJOUR. EN QUOI PUIS-JE VOUS AIDER ?

– Bonjour, je voudrais connaître le montant de mes indignités journalières.

— ...

– CAISSE PRIMAIRE D'ASSURANCE MALADIE, BONJOUR. EN QUOI PUIS-JE VOUS AIDER ?

– Bonjour Madame ! Dites, je vous appelle parce que mon mari veut me confisquer ma carte Vitale parce que je vais chez plusieurs médecins pour avoir plein de somnifères, il a le droit ?

– …

– CAISSE PRIMAIRE D'ASSURANCE MALADIE, BONJOUR. EN QUOI PUIS-JE VOUS AIDER ?

– Bonjour, je vous appelle car mon voisin fume en groupe organisé sur le balcon en commun avec le mien et sur le palier de mon appartement… Ma santé est en jeu ! J'ai des maux de gorge et de crâne épouvantables !

– Madame, je comprends votre situation mais je ne peux rien faire pour vous…

– Ah bon ? Mais il est question de santé publique ! Alors, comme la mairie et la police vous ne faites rien !

– CAISSE PRIMAIRE D'ASSURANCE MALADIE, BONJOUR. EN QUOI PUIS-JE VOUS AIDER ?

– Bonjour, je voulais savoir si je pouvais récupérer les prothèses de mon mari décédé il y a un mois ?

– Beuurrrkkkk…

– CAISSE PRIMAIRE D'ASSURANCE MALADIE, BONJOUR. EN QUOI PUIS-JE VOUS AIDER ?

– Bonjour, ma carte Vitale ne passe plus chez les petits commerçants, c'est normal ?

– …

– CAISSE PRIMAIRE D’ASSURANCE MALADIE, BONJOUR. EN QUOI PUIS-JE VOUS AIDER ?

– Bonjour, je vous ai envoyé les documents que vous m’avez demandés.

– D’accord, à quelle date Madame ?

– Ben, le jour où je les ai envoyés.

– …

– CAISSE PRIMAIRE D’ASSURANCE MALADIE, BONJOUR, VOTRE NUMÉRO DE SÉCURITÉ SOCIALE S’IL VOUS PLAÎT ?

– XXXXXXX et la clé c’est 02 car je suis un mââââle, j’ai 2 boules et la guirlande est toujours là, oui elle est là !

– …

– CAISSE PRIMAIRE D'ASSURANCE MALADIE, BONJOUR. EN QUOI PUIS-JE VOUS AIDER ?

– Bonjour, j'ai appelé vendredi, on m'a dit d'envoyer un changement de situation. Je dois vraiment le faire ?

– CAISSE PRIMAIRE D'ASSURANCE MALADIE, BONJOUR. EN QUOI PUIS-JE VOUS AIDER ?

– Bonjour, j'ai rendez-vous jeudi pour un IRM à 35 km de chez moi et ma voiture n'a pas la climatisation ! Vous pouvez m'envoyer une ambulance ?

– ...

Caisse primaire d'assurance maladie, bonjour.

– CAISSE PRIMAIRE D'ASSURANCE MALADIE, BONJOUR. EN QUOI PUIS-JE VOUS AIDER ?

– Bonjour Madame, mon vétérinaire m'envoie vers vous afin de procéder au rattachement de mon chien, j'ai une photo…

– Mais Madame, vous réalisez ce que vous êtes en train de me dire ? En somme, vous voulez une carte Vitale pour votre chien ? Madame c'est impossible…

– C'est un scandale, je cotise et c'est moi qui paye votre salaire !

– CAISSE PRIMAIRE D'ASSURANCE MALADIE, BONJOUR. EN QUOI PUIS-JE VOUS AIDER ?

– Bonjour, mon numéro de Sécurité sociale, c'est un numéro d'homme marié ou de célibataire ?

– …

– CAISSE PRIMAIRE D'ASSURANCE MALADIE, BONJOUR. EN QUOI PUIS-JE VOUS AIDER ?
– Bonjour Madame, ma carte Vitale est décédée.

– CAISSE PRIMAIRE D'ASSURANCE MALADIE, BONJOUR. EN QUOI PUIS-JE VOUS AIDER ?
– J'ai vu quelque chose sur mon relevé de Sécu, ne vous inquiétez pas, vous m'avez bien débité mais vous avez rebité tout de suite.

– CAISSE PRIMAIRE D'ASSURANCE MALADIE, BONJOUR. EN QUOI PUIS-JE VOUS AIDER ?
– Bonjour, vous remboursez la geisha thérapie ? Je suis en dépression nerveuse et ça me ferait du bien !

– CAISSE PRIMAIRE D'ASSURANCE MALADIE, BONJOUR. EN QUOI PUIS-JE VOUS AIDER ?

– Bonjour, j'ai besoin de mon numéro de Sécurité sociale, vous pouvez me le donner ?

– Non, pas au téléphone Monsieur, c'est confidentiel, mais je peux vous envoyer une attestation par courrier ?

– Vous avez une voix très sexy, Madame.

– Merci…

– Vous me donnez mon numéro au téléphone ?

– Non.

– Et si je viens vous voir, vous me le donnez ? Et on va boire un verre !

– CAISSE PRIMAIRE D’ASSURANCE MALADIE, BONJOUR. EN QUOI PUIS-JE VOUS AIDER ?

– Bonjour, ma femme est en dépression nerveuse depuis deux ans, si je lui achète un vibromasseur, vous me le remboursez hein ?

– Euh non, Monsieur.

– Ben vous préférez payer des indemnités journalières pendant deux ans ou me rembourser un vibromasseur à 30 euros ?

– Ce n’est pas moi qui choisis, Monsieur.

– Vous foutez vraiment l’argent de la Sécu en l’air !

– CAISSE PRIMAIRE D'ASSURANCE MALADIE, BONJOUR. EN QUOI PUIS-JE VOUS AIDER ?

– Bonjour, j'aimerais obtenir des heures pour le Code de la route s'il vous plaît.

– Vous êtes à la Sécurité sociale jeune homme !

– Ben oui je sais, on peut demander des heures de code avec la carte Vitale, tous les jeunes demandent ça !

– …

– CAISSE PRIMAIRE D'ASSURANCE MALADIE, BONJOUR. EN QUOI PUIS-JE VOUS AIDER ?

– Bonjour, vous êtes bien la personne qui répond quand on appelle ?

– …

– CAISSE PRIMAIRE D'ASSURANCE MALADIE, BONJOUR. EN QUOI PUIS-JE VOUS AIDER ?

– Bonjour, je voulais savoir si la caisse d'épargne d'assurance maladie est ouverte aujourd'hui !

– CAISSE PRIMAIRE D'ASSURANCE MALADIE, BONJOUR. EN QUOI PUIS-JE VOUS AIDER ?

– Bonjour, je voudrais me rendre à la Sécu de République et je pars de Vincennes, vous pouvez me dire comment on y va ?

– Bonjour, euh non…

– Ah bon, et vous servez à quoi si vous ne pouvez pas me renseigner ?

– Je suis l'Assurance maladie, Monsieur !

– Ah, c'est pas la SNCF ?

– CAISSE PRIMAIRE D'ASSURANCE MALADIE, BONJOUR. EN QUOI PUIS-JE VOUS AIDER ?

– Bonjour Madame, j'ai un problème avec mon dossier.

– Bonjour Monsieur, nous allons devoir reprendre un rendez-vous car il manque des documents dans votre dossier.

– OK et ce sera avec vous le rendez-vous ? Non parce que vous êtes mignonne. *(S'adressant à sa femme)* Non mais ne te vexe pas chérie, mais elle a une voix trop sexe !

– …

vivez-vous maritalement avec l'assuré(e) ?
~~Oui~~ ~~Non~~ OUÌ
UN PEU INDÉCISE ?
EUH OUI. NON. OUI.
SAM

– CAISSE PRIMAIRE D'ASSURANCE MALADIE, BONJOUR. EN QUOI PUIS-JE VOUS AIDER ?

– Êtes-vous professionnel de santé ou assuré, Monsieur ?

– Non, non je suis portugais !

– CAISSE PRIMAIRE D'ASSURANCE MALADIE, BONJOUR. EN QUOI PUIS-JE VOUS AIDER ?

– J'espère que vous n'allez pas me raccrocher au nez comme l'autre pute que j'ai eue hier…

– Si vous commencez comme ça, ça va être difficile, on va reprendre depuis le début mais sans vulgarité, s'il vous plaît

– Mais en quoi je suis vulgaire, connasse ?

– Au revoir, Monsieur !

– CAISSE PRIMAIRE D'ASSURANCE MALADIE, BONJOUR. EN QUOI PUIS-JE VOUS AIDER ?

– Bonjour, je voudrais le nom de la responsable du service des accidents du travail s'il vous plaît, je voudrais lui envoyer un courrier.

– Bien sûr, c'est monsieur B…

– B comme Bernard ou comme Bertrand ?

– …

– CAISSE PRIMAIRE D'ASSURANCE MALADIE, BONJOUR. EN QUOI PUIS-JE VOUS AIDER ?

– Bonjour, y'a combien de délai de traitage ?

– …

– CAISSE PRIMAIRE D'ASSURANCE MALADIE, BONJOUR. EN QUOI PUIS-JE VOUS AIDER ?

– Je ne suis jamais remboursé !

– D'accord, quelles sont les dates et natures des soins ?

– Je n'en sais rien, j'ai dormi depuis le temps, de toute façon c'est votre travail, vous êtes payée pour chercher, non ?

– …

– CAISSE PRIMAIRE D'ASSURANCE MALADIE, BONJOUR. EN QUOI PUIS-JE VOUS AIDER ?

– Bonjour, j'ai un 100 % maternité qui démarre deux jours après un rendez-vous médical, ça ira hein vous n'allez pas faire de chichi !

– Ah non Madame, ce ne sera pas pris en charge à 100 %.

– Ben bravo, merci la Sécu !
Franchement vous servez à rien !

– CAISSE PRIMAIRE D'ASSURANCE MALADIE, BONJOUR. EN QUOI PUIS-JE VOUS AIDER ?

– Bonjour, j'ai un problème avec mon compte Ameli !

– D'accord Monsieur, je vous laisse choisir un code à 4 chiffres pour votre code secret.

– 1664.

– *(Sa femme derrière)* Bah, pourquoi 1664 ?

– Comme la bière !

– Tu ne pouvais pas mettre notre année de mariage ?

– Bah non ! Je bois pour l'oublier !

– …

– CAISSE PRIMAIRE D'ASSURANCE MALADIE, BONJOUR. EN QUOI PUIS-JE VOUS AIDER ?

– Bonjour, j'ai déposé un dossier de remboursement et je n'ai pas de nouvelle.

– Vous avez déposé le dossier à quelle date ?

– Le 31 février je crois.

– Vous êtes sûr, vous ne l'avez pas déposé en mars ?

– Non non, c'était bien le 31 février j'en suis sûr.

— …

– CAISSE PRIMAIRE D'ASSURANCE MALADIE, BONJOUR. EN QUOI PUIS-JE VOUS AIDER ?

– Bonjour, je voudrais faire mon changement d'adresse, s'il vous plaît.

– Oui, quelle est votre date de naissance ?
– Novembre 1977.
– Oui Monsieur, mais le jour !
– Mercredi.
– …

– CAISSE PRIMAIRE D'ASSURANCE MALADIE, BONJOUR. EN QUOI PUIS-JE VOUS AIDER ?
– Je n'ai plus de ressources depuis mai parce que je suis malade.
– Ah bon ? Il faut voir votre médecin pour faire un arrêt alors, Madame !
– Je ne peux pas c'est de la sorcellerie, le médecin il peut rien faire !
– …

– CAISSE PRIMAIRE D'ASSURANCE MALADIE, BONJOUR. EN QUOI PUIS-JE VOUS AIDER ?

– Bonjour. Mon frère a l'AME *(aide médicale de l'État)*… Il est réfugié… Il est reparti dans son pays…

– Pourquoi ?

– Il voulait rentrer chez lui, mais maintenant comment ça se passe ? Il veut aller chez le dentiste en France. Comment il fait pour pas payer ?

– …

– CAISSE PRIMAIRE D'ASSURANCE MALADIE, BONJOUR. EN QUOI PUIS-JE VOUS AIDER ?

– Bonjour, ma femme est suivie au PMU.

– Pardon ? Vous parlez de la CMU ?

– Non, de la PMI !

– On va y arriver…

PARIS! VENISE! WASHINGTON! LOURDES!
À TAAABLE, LES ENFANTS!
... ET LE PETIT CINQUIÈME S'APPELLERA...
SAM

– CAISSE PRIMAIRE D'ASSURANCE MALADIE, BONJOUR. EN QUOI PUIS-JE VOUS AIDER ?
– Bonjour, je vous appelle parce que je n'ai pas touché mes APL…
– Vous êtes à la CPAM, Madame.
– Oui, je sais.
– Très bien, alors je vous laisse plutôt appeler la CAF !
– *(En raccrochant)* Quelle connasse !

– CAISSE PRIMAIRE D'ASSURANCE MALADIE, BONJOUR. EN QUOI PUIS-JE VOUS AIDER ?
– Bonjour, je vous appelle pour déclarer la naissance de mon enfant.
– D'accord, son nom ? Son prénom ? 2e prénom ? Et a-t-il un 3e prénom ?

– Oui, par contre il faut me promettre de ne pas rire.
– Évidemment !
– Faut que je vous explique avant… en fait c'est mon fils aîné qui a voulu donner un nom à son petit frère.
– D'accord.
– Et il a choisi… Chamallow.
– Vous l'écrivez comment ?
– Ben à la maternité ils ont mis qu'un L.
– OK, Chamalow donc…
– Rassurez-moi ça n'apparaîtra nulle part ?
– À l'Assurance maladie non mais sur tous ses justificatifs d'état civil oui… Bonne journée !

– CAISSE PRIMAIRE D’ASSURANCE MALADIE, BONJOUR. EN QUOI PUIS-JE VOUS AIDER ?

– Bonjour, vous pouvez m’aider à remplir mon dossier de CMU ? Parce qu’il y a quelque chose qui me turlutte !

– …

– CAISSE PRIMAIRE D’ASSURANCE MALADIE, BONJOUR. EN QUOI PUIS-JE VOUS AIDER ?

– Bonjour, je vous ramène une feuille de soins en papier car le docteur n’a pas réussi à me téléporter.

– …

– CAISSE PRIMAIRE D'ASSURANCE MALADIE, BONJOUR. EN QUOI PUIS-JE VOUS AIDER ?

– Bonjour, si je vous mets mes arrêts de travaux dans la boîte aux lettres, c'est bon ?

– …

– CAISSE PRIMAIRE D'ASSURANCE MALADIE, BONJOUR. EN QUOI PUIS-JE VOUS AIDER ?

– Bonjour, je suis passé devant le médecin légiste, vous me remboursez combien ?

– Monsieur, le médecin légiste, c'est un spécialiste pour les personnes décédées !

– Ne me dites pas ça, vous allez me porter malheur !

– …

– CAISSE PRIMAIRE D'ASSURANCE MALADIE, BONJOUR. EN QUOI PUIS-JE VOUS AIDER ?

– Bonjour, j'ai une demande excrément urgente à vous faire.

– …

– CAISSE PRIMAIRE D'ASSURANCE MALADIE, BONJOUR. EN QUOI PUIS-JE VOUS AIDER ?

– Bonjour, je suis enceinte et je voulais savoir combien vous remboursez le père durable ?

– …

– CAISSE PRIMAIRE D’ASSURANCE MALADIE, BONJOUR. EN QUOI PUIS-JE VOUS AIDER ?

– Bonjour Madame, je veux une nouvelle carte Vitale s’il vous plaît, la mienne est morte de vieillesse !

– CAISSE PRIMAIRE D’ASSURANCE MALADIE, BONJOUR. EN QUOI PUIS-JE VOUS AIDER ?

– Bonjour, comment fait-on pour changer de médecin, car le mien est mort d’un côté.

– …

– CAISSE PRIMAIRE D'ASSURANCE MALADIE, BONJOUR. EN QUOI PUIS-JE VOUS AIDER ?

– Bonjour, mon mari souffre d'un abcès sédentaire, les soins sont remboursés ?

– …

– CAISSE PRIMAIRE D'ASSURANCE MALADIE, BONJOUR. EN QUOI PUIS-JE VOUS AIDER ?

– Bonjour, mon enfant doit se faire opérer, vous remboursez combien l'opération de la glande tyrolienne ?

– …

– CAISSE PRIMAIRE D’ASSURANCE MALADIE, BONJOUR. EN QUOI PUIS-JE VOUS AIDER ?
– Bonjour Madame, vous remboursez combien le grillage sur les dents ?
– … *(Pauvre enfant)*

– CAISSE PRIMAIRE D’ASSURANCE MALADIE, BONJOUR. EN QUOI PUIS-JE VOUS AIDER ?
– Bonjour Madame, je souhaite parler au service Interpol, il gère ma pension d’invalidité.
– …

– CAISSE PRIMAIRE D’ASSURANCE MALADIE, BONJOUR. EN QUOI PUIS-JE VOUS AIDER ?
– Bonjour, je vous appelle car j’ai été irradiée de la Sécu.
– …

– CAISSE PRIMAIRE D'ASSURANCE MALADIE, BONJOUR. EN QUOI PUIS-JE VOUS AIDER ?

– Bonjour Madame, vous me demandez un justificatif de revenu pour ma CMU, vous voulez mon impôt sur le revenu ou mon impôt fessier ?

– …

– CAISSE PRIMAIRE D'ASSURANCE MALADIE, BONJOUR. EN QUOI PUIS-JE VOUS AIDER ?

– Bonjour, je dois déclarer que je suis en combinage avec mon copain ?

– CAISSE PRIMAIRE D'ASSURANCE MALADIE, BONJOUR. EN QUOI PUIS-JE VOUS AIDER ?

– Je vous contacte parce qu'il y a un gros Big Mac dans mon dossier.

– …

– CAISSE PRIMAIRE D'ASSURANCE MALADIE, BONJOUR. EN QUOI PUIS-JE VOUS AIDER ?

– Bonjour, vous pouvez me dire qui est le père de l'enfant que porte Rachida Dati ?

– Non Madame, je n'en ai aucune idée et même si…

– Mais vous, à la Sécu, vous savez TOUT ! Donc c'est qui le père ?

– …

– CAISSE PRIMAIRE D'ASSURANCE MALADIE, BONJOUR. EN QUOI PUIS-JE VOUS AIDER ?

– Bonjour, est-ce que ma carte Vitale fonctionne en Corse ?

– …

– CAISSE PRIMAIRE D'ASSURANCE MALADIE, BONJOUR. EN QUOI PUIS-JE VOUS AIDER ?

– Bonjour, est-il vrai qu'une assurée qui est tatoueuse a un statut de prostituée chez vous ?

– Euh…

– CAISSE PRIMAIRE D'ASSURANCE MALADIE, BONJOUR. EN QUOI PUIS-JE VOUS AIDER ?

– Bonjour, j'ai besoin de votre aide, je n'arrive pas à pénétrer Ameli !

– CAISSE PRIMAIRE D'ASSURANCE MALADIE, BONJOUR. EN QUOI PUIS-JE VOUS AIDER ?

– Bonjour Madame, j'essaie de contacter Ameli (compte internet Ameli) mais j'ai pas son number, tu me le files ?

– Ben, c'est un site Internet, Monsieur !

– Ah bon ? C'est pas une vraie meuf ?

– …

– CAISSE PRIMAIRE D'ASSURANCE MALADIE, BONJOUR. EN QUOI PUIS-JE VOUS AIDER ?

– Bonjour, je n'ai fait aucune démarche pour mon changement d'adresse, je voulais savoir si vous l'avez pris en compte ?

– …

– CAISSE PRIMAIRE D'ASSURANCE MALADIE, BONJOUR. EN QUOI PUIS-JE VOUS AIDER ?

– Bonjour, je souhaite savoir pourquoi il faut un justificatif de revenu pour la CMU ?

– Bonjour, je vais tout vous expliquer *(et j'explique en entier)*.

– D'accord, ce que vous me dites là, c'est comme si je demandais au Christ de redescendre sur Terre, c'est à la fois impossible et incohérent !

– Si vous le dites…

– CAISSE PRIMAIRE D’ASSURANCE MALADIE, BONJOUR. EN QUOI PUIS-JE VOUS AIDER ?

– Bonjour, je souhaite des informations sur mon dossier, s’il vous plaît.

– Oui Monsieur, nous allons le mettre à jour ensemble déjà. Votre nom ?

– XXXXX

– Prénom ?

– XXXX

– Adresse ?

– XXXXX

– Un téléphone ?

– Un iPhone 5s dernier cri !

– ...

– CAISSE PRIMAIRE D'ASSURANCE MALADIE, BONJOUR. EN QUOI PUIS-JE VOUS AIDER ?

– Bonjour, je souhaite parler aux sévices de la CMU, s'il vous plaît.

– …

– CAISSE PRIMAIRE D'ASSURANCE MALADIE, BONJOUR. EN QUOI PUIS-JE VOUS AIDER ?

– Bonjour, je ne gagne pas assez en arrêt maladie, c'est possible que vous me donniez plus de 80 % ? Pour ne pas avoir trop de pertes quand même !

– …

Caisse primaire d'assurance maladie, bonjour.

– CAISSE PRIMAIRE D'ASSURANCE MALADIE, BONJOUR. EN QUOI PUIS-JE VOUS AIDER ?

– Bonjour, je souhaite un renseignement, s'il vous plaît.

– Bonjour Monsieur, je vous écoute.

– Je suis en arrêt maladie, bon ben, pas vraiment malade, je veux juste partir en voyage de noces avec ma femme.

– Oui, félicitations pour votre mariage. Mais en étant en arrêt maladie, vous ne pouvez vous absenter de votre domicile qu'entre 10 heures et 12 heures, et 14 heures à 16 heures, Monsieur, car si vous avez un contrôle…

– *(Devenant agressif)* Ah bon, mais vous pouvez pas me mettre absences autorisées d'une semaine ?

– Non Monsieur, je ne peux pas,
voyez avec votre médecin traitant.
– Et alors QUI va me rembourser
ce somptueux voyage de noces
que j'ai réservé à Berck ?
La Sécu ? Parce que si j'annule,
je ne suis pas remboursé, et c'est
tout de même votre faute si
je ne pars pas ! Ma femme risque
de demander le divorce !

– CAISSE PRIMAIRE D'ASSURANCE MALADIE, BONJOUR. EN QUOI PUIS-JE VOUS AIDER ?

– Bonjour, je n'ai pas assez de jours d'arrêt sur mon arrêt maladie, vous pouvez m'en donner plus ?

– Ce n'est pas ma compétence Madame, vous devez voir votre médecin traitant.

– Je peux pas moi ! J'ai des hémorroïdes et j'ai mal au cul de l'attendre dans la salle d'attente !

– …

– CAISSE PRIMAIRE D'ASSURANCE MALADIE, BONJOUR. EN QUOI PUIS-JE VOUS AIDER ?

– Bonjour, je ne comprends pas mon taux d'indemnisation en congé maternité, Madame, il me paraît anormalement bas.

– Nous allons regarder ça ensemble, Madame, nous avons pris en compte vos revenus chez XXX, XXX et XXX.

– Et vous ne prenez pas en compte mon job au black chez XXX ?

– Euh…

– Ben, c'est pas normal !

– …

– CAISSE PRIMAIRE D'ASSURANCE MALADIE, BONJOUR. EN QUOI PUIS-JE VOUS AIDER ?

– Bonjour Madame, je suis en arrêt maladie et j'ai mis mon numéro de téléphone sur mon arrêt de travail pour que le contrôleur puisse m'appeler s'il vient car je ne suis pas chez moi…

– Mais vous devez respecter les horaires de sortie, Monsieur !

– Ben, c'est de votre faute ! Avec ce que vous me payez à la Sécu pour mon arrêt, je suis obligé de bosser au black !

– …

– CAISSE PRIMAIRE D'ASSURANCE MALADIE, BONJOUR. EN QUOI PUIS-JE VOUS AIDER ?

– Bonjour, d'après vous ça vaut plus le coup de toucher les indemnités journalières ou les assédics ?

– …

– CAISSE PRIMAIRE D'ASSURANCE MALADIE, BONJOUR. EN QUOI PUIS-JE VOUS AIDER ?

– Bonjour, je suis très très inquiète, Madame !

– Que vous arrive-t-il ?

– Je trouve que Patrick Bruel a grossi, vous pouvez me dire s'il est malade ?

– …

– CAISSE PRIMAIRE D'ASSURANCE MALADIE, BONJOUR. EN QUOI PUIS-JE VOUS AIDER ?

– Bonjour, il me faut une carte européenne de toute urgence !!!

– Oui Madame, vous allez dans quel pays ?

– En Chine !!!

– …

– CAISSE PRIMAIRE D'ASSURANCE MALADIE, BONJOUR. EN QUOI PUIS-JE VOUS AIDER ?

– Bonjour, je souhaite une carte européenne s'il vous plaît, au cas où il m'arrive quelque chose car je pars à l'étranger.

– Vous allez dans quel pays ?

– En Corse.

– …

– CAISSE PRIMAIRE D'ASSURANCE MALADIE, BONJOUR. EN QUOI PUIS-JE VOUS AIDER ?
– Bonjour Madame, j'ai bien reçu ma carte européenne et je vous en remercie, je viens de voir qu'elle est valable deux ans, est-elle valable cette année ?
– …

– CAISSE PRIMAIRE D'ASSURANCE MALADIE, BONJOUR. EN QUOI PUIS-JE VOUS AIDER ?
– Bonjour, je voudrais savoir si vous pouviez me délivrer une CEAM.
– Bien sûr, vous partez quand ?
– Non, c'était juste pour savoir, je ne pars jamais à l'étranger.
– …

– CAISSE PRIMAIRE D'ASSURANCE MALADIE, BONJOUR. EN QUOI PUIS-JE VOUS AIDER ?

– Bonjour, j'ai besoin d'une carte européenne, c'est l'école qui me demande pour ma fille.

– Oui, elle part où ?

– Au Futuroscope.

– Euh… Elle pourra utiliser sa carte Vitale pas besoin de CEAM.

– Ah non ! Je vous assure, l'école me l'a demandée donc ils ont forcément raison !

– CAISSE PRIMAIRE D'ASSURANCE MALADIE, BONJOUR. EN QUOI PUIS-JE VOUS AIDER ?

– Je ne perçois pas le RSA, pourquoi ?

En raccrochant

– Posez-vous la question !

situation précédente :
Cocu
?!?
SI VOUS PERMETTEZ, J'AI PAS ENVIE D'EN PARLER...
SAM

– CAISSE PRIMAIRE D'ASSURANCE MALADIE, BONJOUR. EN QUOI PUIS-JE VOUS AIDER ?
– Si je n'ai pas de nouvelles d'ici 15 ans, j'alerte *60 millions de consommateurs* ! Vous aurez de mes nouvelles !
– En 2030 ?

– CAISSE PRIMAIRE D'ASSURANCE MALADIE, BONJOUR. EN QUOI PUIS-JE VOUS AIDER ?
– Bonjour, Carla Bruni, elle attend une fille ou un garçon ? Car je souhaite lui envoyer un cadeau…
– Aucune idée Madame, mais demandez-lui !
– Ah mais je ne la connais pas !
– …

Quand les assurés nous écrivent…

MADAME, MONSIEUR,

Je souhaiterais que vous examiniez ma requête de faire diligence sur ce dossier à la Lumière du fait suivant…

BONJOUR,

Merci de trouver ci-joint deux feuilles de soins pour permettre mon remboursement. Je suis désolée pour l'état de la feuille. Je suis à votre disposition par téléphone si besoin.

« Je suis désolée pour l'état de la feuille de soin »
MAIS… QUE… ?
?!?
SAM

BONJOUR,

Je vous envoie les documents que vous m'avez demandés pour obtenir ma carte Vitale. J'aimerais bien savoir à quoi correspondent les derniers chiffres de ma carte Vitale 77.

Est-ce que c'est le numéro du département (Seine-et-Marne) ?

Ou un numéro juste comme ça ?

Sinon ça indique la religion ?

Parce que je suis réservé pour la religion 77 (7 jours sur 7).

Je vous demande ça car depuis que j'ai ces numéros, j'ai du mal à trouver du travail.

EPOUSE DE :
SEXE : GROS
DATE DE NAISSA
?
SAM

MADAME, MONSIEUR,
Selon vos instructions, j'ai donné le jour à deux jumeaux dans une enveloppe ci-jointe.

Je soussigné XXXXXX déclare n'avoir aucune situation actuelle actuellement.

MADAME, MONSIEUR,
Je n'ai pas reçu la vie imposition que vous me demandez.

Je n'ai pas de ressources à déclarer pour mon dossier de CMU, je vis de gauche à droite, mais toujours dans le droit chemin.

CHÈRE SÉCURITÉ SOCIALE,
Depuis que le médecin a dit à mon mari de prendre de la courtisane, il va beaucoup mieux.

MADAME, MONSIEUR,
Je déclare sur l'honneur vivre seul avec une tierce personne.

MADAME LA CQ,
Je vous explique ma situation familiale. En effet, mon mari est pour le moment décédé…

MADAME, MONSIEUR,
Je reçois encore des courriers au nom de mon époux. Mon mari est mort, Madame, dites-moi comment le faire sortir de la caisse.

MADAME, MONSIEUR,
Je suis actuellement en congé maternité, je ne peux toucher mes prestations ne sachant où m'adresser puisque j'ai accouché entre deux caisses.

Je vous avise qu'étant travailleur de nuit, je vis au jour le jour.

VOTRE SITUATION :
☒ CÉLIBATAIRE ☐ MARIÉ(E)
DEPUIS : ____________
… DES ANNÉES ?
SAM

MADAME,

Votre médecin expert a examiné et m'a demandé si j'avais des antécédents de diabète. Mon père est mort du diabète il y a 10 ans et ma mère l'année dernière, je ne peux malheureusement plus leur demander.

MADAME, MONSIEUR,

Étant décédé, je vous joins mon certificat de décès, et reste à votre disposition si vous souhaitez des informations sur le décès.

Étant décédé, je joins à cette lettre le certificat de décès et je reste à votre disposition pour tous renseignements complémentaires. Avec mes salutations
APPLIQUE-TOI ! SINON, ILS NE TE CROIRONT JAMAIS !
SAM

MADAME, MONSIEUR,
J'ai reçu une branche sur la tête alors que je faisais une petite sieste, au soleil, sous un arbre, pendant ma pause.
Est-ce que c'est considéré comme un accident de travail ?

MADAME, MONSIEUR DE LA SÉCU,
Je vous écris pour avoir une aide financière exceptionnelle, en effet, j'ai besoin d'une queue de serpent pour guérir de mon mal de dents, pouvez-vous le prendre en charge car c'est trop cher pour moi ? 750 euros.

MADAME, MONSIEUR,
Pourriez-vous préciser sur le compte Ameli direct si les psychologues sont freudiens ou non ?

Je souligné M. XXX, demeurant à XXX sur la période du 01.01.2013 au 01.07.2013 ne pas avoir travaillé. En fois de quoi ce papier est vouloir de ce que de droit.

MADAME LA SÉCU,

Pour un dossier de CMU, vous demandez :

Si vous avez moins de 25 ans, attestez que vous ne vivez pas chez vos parents.

« J'atteste sur l'honneur que vous avez moins de 25 ans et que vous ne vivez pas chez vos parents »

À RAPPORTER À LA
SÉCURITÉ SOCIALE D'URGENCE
OUVERT DE 9H30 À 12H30
ET DE 14H00 À 16H30 !!!
(MAMAN ME TUERA DE SES MAINS SI J'OUBLIE)
Belgique
BNF - PARIS
SAM

Qui a dit que la délation était interdite ?

BONJOUR,
J'écris cette lettre anonymement afin de rester anonyme.
Ma voisine, elle est en accident du travail, payée à rien foutre, alors qu'elle n'est pas malade !
Elle fait des ménages au noir !

MONSIEUR, MADAME,
J'en ai marre de bosser pour tous les gens qui foutent rien, mon voisin est en arrêt maladie alors qu'il n'est même pas malade, je viens de le croiser à Carrefour !

BONJOUR,
Je ne veux surtout pas balancer ma voisine hein…, elle s'appelle X et habite X, elle est sympa en plus, mais bon, elle est en invalidité catégorie 2 et elle travaille au black en tant que serveuse, elle a le droit ??? Parce qu'on se posait la question avec ma femme…

Mon voisin X à l'adresse Y, bosse au black pendant son accident de travail, vous ne l'avez pas un peu dans le cul à la Sécu ???

BONJOUR MADAME, MONSIEU,
Prenez sette laitre en considération, merci. Il y a une femme elle frode la panssion d'invalidité, elle sappel XXX elle abite XXX.
Sette femme fais des ménages a boucou des gents et dans les bar tous les soirs AU NOIR, et an plus elle apeçoit sa pension d'invalidité de la sécurité social nous sommes des voisins et tous les soirs sa crie de jouissance cé pour cela nous ses voisins on vous s'envoie sette laitre, en plus elle frode la CAF.
A vous de juget.

Ma voisine a la CMU et roule en Porsche Cayenne, et moi vous me faites chier car je dépasse le plafond de quelques euros ??? *(Après vérification, il dépasse de 2 000 euros le plafond.)*

Quand les employés de la Sécu s'y mettent…

Nous vous informons que suite à des événements tragiques, nous fermerons l'accueil de 11 h 45 à 13 h 15 afin de procéder à 1 minute de silence. *(Heuuu 1 h 30 de fermeture pour 1 minute ???)*

Pour le traitement informatique des formulaires, votre sexe ne doit pas dépasser de la colonne.

Merci de nous faire parvenir les justificatifs des ressources non perçues par votre foyer.

MADAME,

Nous revenons vers vous, suite à votre réclamation concernant le remboursement de vos soins à l'étranger.

En effet, vous avez réglé 150 € de frais d'honoraires à un dentiste à Barcelone, et vous indiquez que la CPAM a effectué un remboursement de 35 € concernant ces soins.

La différence de 115 € est due au fait que l'euro n'est pas le même en France qu'en Espagne, et que nous avons dû appliquer un taux de change.

« *** ATTENTION NE PAQS TOUCHER LE DOSSIER ME RENDRE CAR GROS CACA DOSSIER ANNULE *** »

Les accidents du travail

Une hôtesse de l'air a été prise de violents maux de ventre pendant une escale, elle nous adresse un arrêt pour accident du travail : CONSTIPATION !!! N'a pas pu assurer le vol paris - New York.

CIRCONSTANCE DE L'ACCIDENT DU TRAVAIL :
La victime ramassait la litière du chat que la personne âgée avait volontairement renversée ; la personne âgée a frappé la victime avec le manche à balai.

MADAME,
Suite à une communication téléfonique, je vous adresse l'explication de mon accident du travail.

Je rentrais sur la route, j'avais bu à cause de la chaleur deux blancs. J'ai donc eu besoin d'uriner. J'arrete ma voiture sur le bord de la route, près d'un tas de pierre et de matériau, rapport aux travaux eczecuté pour l'électricité. Je commence à uriné et en fesant ce besoin, j'ai en manière d'amuzement dirigé mon jai en zigue zague à l'entours. Alors mon jai a rencontrai un bou de fille électrique qui était por terre au lieu d'être accroché au poto. Une grosse étincelle a soté sur moi et un grand coup est arrivé dans les partis que l'autre médecin y appelle testycul. Je me suis évanouillé et quand je suis revenu à ma connaissance, mon pantalon a été tout brulé à la braguette.

Depuis l'accident, j'ai les burnes toutes noires et ratatinés. Ma verge est gonflé, je ne peux plus m'en servir que pour seulement uriné, mes pour le reste, afin de remplir mes devoirs conjugo avec ma femme qui a le sang chot, il n'y fot plus conter. Je fait des réserves dessus.
A vous lire, je vous salue empressement.

Veuillez 'scuser les ratures sur
ce document, exécutées par mon enfant
de 2 ans par une seconde d'inatention
Merci pour votre compréhension.
SAM

CIRCONSTANCE DE L'ACCIDENT DU TRAVAIL :

Un monsieur avait planqué son portable en mode vidéo dans les WC pour filmer une collègue.
Elle s'en est aperçue et a été traumatisée.

CIRCONSTANCE DE L'ACCIDENT DU TRAVAIL :

Entorse de la cheville en sautant une haie IMAGINAIRE.
Contesté par l'employeur.

Objet du message : Accident du travail /Maladie Professionnelle
Contenu : Bonjour Je vous écris cette lettre pour vous demander si je peux racheter ma rente lâcheté complète pour pas toucher ton pull a touché j'aimerai tout racheter sans compter que j'ai acheté déjà un quart
1/4
rente lâcheté
Toucher ton pull?
?
SAM

CIRCONSTANCE DE L'ACCIDENT DU TRAVAIL :
Ma salariée portait un carton et est tombée en ratant la marche.
Double fracture.
Réserves : elle portait une jupe rouge et des ballerines vernies !!! J'émets donc les plus vives réserves sur le caractère professionnel de cet accident.
Si toutefois vous décidiez de l'accepter merci de le prendre en trajet car je paie pas !

CIRCONSTANCE DE L'ACCIDENT DU TRAVAIL :
A glissé sur une saucisse par terre.

CIRCONSTANCE DE L'ACCIDENT DU TRAVAIL :
Le salarié est allé dans le local à peinture, s'est aspergé du dissolvant sur les mains et a allumé son briquet pour voir quel effet cela faisait.
Résultat : les 2 mains brûlées au 2e degré.

CIRCONSTANCE DE L'ACCIDENT DU TRAVAIL :
Employée a découvert un dessin glissé sous la porte de son bureau, du diable. Choc psychologique. Contesté par l'employeur.

CIRCONSTANCE DE L'ACCIDENT DU TRAVAIL :
A une des chiasses les plus trappues.

LÉSION DE L'ACCIDENT DU TRAVAIL :
Entorse clitoridien de la cheville gauche.

ÉCOUTE ÇA :
« VOUS FAITES CHIER
VOUS FAITES CHIER
VOUS FAITES CHIER
JE SAIS PAS LIRE
JE SAIS PAS LIRE
JE SAIS PAS ÉCRIRE
JE SAIS PAS ÉCRIRE
OÙ SONT MES PHOTOS ? »
AAAH ! J'ADORE LA POÉSIE !
SAM

Imprimé en Espagne
par Industria Gráfica Cayfosa
en février 2019

ISBN : 978 2 36075 654 4
Dépôt légal : mars 2019